AF257575

SUUM CUIQUE

A CHACUN SON DU

OU

LA VÉRITÉ SUR M. LE COMTE DE CHAMBORD

NOTIONS ÉLÉMENTAIRES

de l'Histoire contemporaine de France

PAR

Aug. de C. de LA GAUTRAYE

TROISIÈME ÉDITION

REVUE ET AUGMENTÉE D'ANECDOTES INÉDITES

AVIGNON

TYPOGRAPHIE DE F. SEGUIN AÎNÉ, RUE BOUQUERIE, 13

Août 1877

DÉPOT LÉ
Variétés
N° 398
1877

L 57 b

SUUM CUIQUE

A CHACUN SON DU

OU

LA VÉRITÉ SUR M. LE COMTE DE CHAMBORD

« Je ne puis que vous approuver dans l'idée que vous avez conçue pour réfuter les préjugés et les calomnies que la jalousie et la mauvaise foi s'efforcent d'accréditer contre mon fils.

« S'il était connu tel qu'il est, je ne doute nullement que son nom ne devînt très-populaire, populaire comme celui d'Henri IV, même auprès des plus prévenus contre lui. »

(Extrait d'une lettre de la mère d'Henri à l'auteur. — Voir page 11).

« Un roi ne peut faire le bien qui est dans son cœur, qu'autant qu'il a l'autorité nécessaire. »

(Testament du roi Louis XVI. — Voir à la fin).

Explications préliminaires

Lors du rappel par l'Assemblée nationale de France, en 1871, des lois de proscription, ou, comme disait M. Thiers, *de précaution* contre les deux branches de la Maison de France, il fut dit dans la presse française et même dans la presse anglaise, que le comte de Chambord, chef de cette Maison, était trop inconnu à la France et la connaissait trop peu. S'il en est ainsi, (mais lui, Henri, connaît à fond son pays), à qui la faute ? A nous qui avons laissé passer de pareilles lois de proscription ; leurs conséquences ne doivent pas être de le priver de ses droits en faveur de ceux qui l'ont banni ou de quelque audacieux usurpateur.

Il est désirable que le jour où la France préparera par dés élections ses propres destinées définitives, chaque français sache bien qui en est le vrai souverain, soit parfaitement renseigné sur l'héritier légitime de sa longue ligne de rois, et de plus que les ennemis du Prince, ou plutôt ceux de la France elle-même, ne puissent pas plus longtemps faire un crime à Henri de France de sa modération, de son désintéressement, de son inébranlable confiance en la Providence pendant quarante-sept années d'exil immérité. Si nous sentons la nécessité de parler de lui, *nous n'y sommes poussé par personne* ; notre langage ne procède que de notre conviction intime des besoins de la France.

Grâces soient rendues à l'administration tutélaire de M. le Maréchal-Président, qui permet de dire la vérité, pour que les Français un jour se prononcent en connaissance de cause.

LA VÉRITÉ SUR M. LE COMTE DE CHAMBORD

D. — Qu'est-ce que le comte de Chambord ?

R. — C'est un prince français qui, n'ayant pas encore dix ans, en août 1830, s'est vu forcé de quitter son pays natal et a porté ce nom pendant son exil.

D. — Quel titre et quel nom portait-il avant de quitter la France ?

R. — Ceux de duc de Bordeaux.

D. — Où et quand est-il né ?

R. — A Paris, au château des Tuileries, le 29 septembre 1820, fête de la saint Michel.

D. — Pourquoi faites-vous remarquer que le 29 septembre est le jour de la fête de saint Michel ?

R. — Parce que cet archange ayant foulé aux pieds le dragon infernal, tous les catholiques français virent dans le fait de la naissance du jeune prince en ce jour-là une marque spéciale de la protection du ciel contre les passions diaboliques des révolutionnaires.

D. — Quels noms reçut-il à son baptême ?

R. — Ceux d'*Henri* et de *Dieudonné*.

D. — Pourquoi ces noms ?

R. — Celui d'*Henri*, à cause de son aïeul Henri IV, surnommé le Grand,

> Qui fut de ses sujets le vainqueur et le père ; — (*Voltaire*).

celui de *Dieudonné*, parce que, au moment où la France était en deuil du père, qui n'avait pas laissé d'enfant mâle, la naissance de ce fils, héritier du trône, fut considérée en vérité comme un don de Dieu.

Toute la France tressaillit d'allégresse ; les vieillards se souviennent de cet élan de joie universelle. Le roi son grand-oncle, Louis XVIII, frotta d'une gousse d'ail les lèvres de l'enfant à peine né, qui but vaillamment une gorgée de vin de Jurançon. Il en avait été ainsi d'Henri IV à sa naissance. Puis le roi, du haut du balcon des Tuileries, présenta le nouveau-né au peuple en disant : « Un enfant nous est né à tous ; cet enfant vous chérira comme nous vous aimons. » Et le peuple était ivre de joie, d'amour et d'espérance ! Et l'Europe entière applaudissait en nommant Henri l'*Enfant de l'Europe !*

D. — Qui étaient ses parents ?

R. — Son père était Charles-Ferdinand de France, duc de Berry, fils du comte d'Artois ; celui-ci était frère du feu roi Louis XVI et du roi régnant alors, Louis XVIII, et succéda à ce dernier sous le nom de Charles X, roi de France et de Navarre ; sa mère était Marie-Caroline-Ferdinande-Louise de Bourbon, fille du roi des Deux-Siciles. Ainsi Henri descend de Louis XIV par son père et par sa mère. Le duc de Berry fut poignardé dans la nuit du 13 février 1820, à sa sortie de l'Opéra de Paris, par un ouvrier sellier, nommé Louvel ; il expira dans les bras de sa femme, après avoir imploré du roi la grâce de la vie pour son assassin, et aussi après avoir fortement recommandé à sa femme de prendre courage en pensant à l'enfant qu'elle portait dans son sein.

D. — Pourquoi eut-il le titre de duc de Bordeaux ?

R. — Par reconnaissance envers la ville de Bordeaux, qui s'était signalée en 1814 par son royalisme, ayant été la première (1) à accueillir dans ses murs, le 12 mars, Mgr le duc d'Angoulême, qui précéda les autres Bourbons en France ; la même ville avait prouvé son dévouement en 1815 à *Madame*, duchesse d'Angoulême, fille de Louis XVI, après le retour de Bonaparte de l'île d'Elbe, lorsque l'héroïque princesse, à la tête des fidèles Bordelais, protesta énergiquement à main armée contre ce retour funeste.

D. — Pourquoi a-t-il pris le nom de comte de Chambord dans son exil ?

R. — Les rois et princes voyageant en pays étranger, qui désirent d'éviter l'étiquette de la royauté, adoptent de semblables noms : la reine d'Angleterre se nomme la duchesse de Lancastre ; le prince de Galles a voyagé sous le nom de baron Renfrew ; Pierre-le-Grand, de Russie, se nommait le comte du Nord ; Louis XVIII en exil, le comte de Lille ; le duc et la duchesse d'Angoulême, comte et comtesse de

(1) Voir page 23 la note sur Bazas et Bordeaux.

Marnes, du village de ce nom, près de Paris, où était leur résidence favorite de Villeneuve-l'Étang, etc.

Le duc de Bordeaux a pris le nom de comte de Chambord d'un domaine qui lui a été offert par les souscriptions volontaires des Français aussitôt après sa naissance. Ce domaine est un château magnifique, près de Blois, bâti par le roi François Ier. Cette souscription l'avait sauvé du marteau d'acheteurs (dits la bande noire), qui allaient le démolir et en morceller les terres.

D. — Comment devons-nous appeler ce prince désormais ?

R. — Nous continuerons à l'appeler, tant que ce sera son bon plaisir, le comte de Chambord, ou plutôt Henri de France, mais son vrai nom et ses vrais titres sont : *Henri V, roi de France et de Navarre*, depuis l'abdication en sa faveur, en 1830, de son grand-père Charles X, et de son oncle, M. le Dauphin, duc d'Angoulême (Louis XIX), morts à Goritz, en Autriche, le premier le 6 novembre 1836, le second le 3 juin 1844.

D. — Alors est-il le chef de la Maison de France, autrement dite Maison de Bourbon ?

R. — Oui, il est le chef de la branche aînée de cette maison royale, car il est l'aîné des descendants en ligne directe de Louis XIV, d'Henri IV et de saint Louis.

D. — Pouvez-vous nous donner sa généalogie depuis Henri IV ?

R. — Oui, la voici : Henri IV, roi de Navarre, fils d'Antoine de Bourbon, duc de Vendôme, et de Jeanne d'Albret, reine de Navarre, qui succéda à la couronne de France après Henri III, de la branche des Valois, eut deux fils, Louis XIII et Gaston, duc d'Orléans. Celui-ci mourut sans enfant mâle. Louis XIII eut deux fils, Louis XIV et Philippe, duc d'Orléans. Louis XIV, surnommé le Grand, eut un fils, Louis, dauphin de France, qui mourut avant son père, laissant deux fils, Louis, duc de Bourgogne, et Philippe, duc d'Anjou. Le duc de Bourgogne succéda au titre de dauphin à la mort de son père, et mourut lui-même avant son grand-père, ne laissant qu'un enfant mâle, le duc de Berry, qui, âgé de cinq ans, succéda en 1715 à son bisaïeul Louis XIV, sous le titre de Louis XV.

Louis XV eut un fils, Louis dauphin, qui mourut avant son père, laissant trois fils, Louis, duc de Berry, devenu dauphin, Louis-Stanislas-Xavier, comte de Provence, et Charles-Philippe, comte d'Artois.

Le duc de Berry, nommé le dauphin après son père, monta sur le trône en 1774, à la mort de son aïeul Louis XV, sous le nom de Louis XVI. Il avait épousé Marie-Antoinette d'Autriche, fille de François de Lorraine, empereur d'Allemagne, et de la grande Marie-Thérèse de Habsbourg, reine de Hongrie et impératrice d'Allemagne.

Louis XVI, mis à mort le 21 janvier 1793, et Marie-Antoinette, aussi décapitée le 16 octobre 1793, laissèrent deux enfants : Marie-Thérèse-Charlotte, appelée d'abord *Madame Royale*, et Louis, duc de Normandie, puis dauphin, qui était de droit roi de France et de Navarre, sous le nom de Louis XVII, à la mort de son père ; mais qui, détenu dans la Tour du Temple à Paris, fut tué à petit feu par les mauvais traitements de ses geôliers, et spécialement d'un savetier et de sa femme nommés Simon, et expira à l'âge de 10 ans et 2 mois, le 9 juin 1795, dans sa prison.

A sa mort, *Monsieur*, comte de Provence, frère de Louis XVI, devint roi de France et de Navarre sous le nom de Louis XVIII ; il avait épousé une princesse de la maison de Savoie, mais il mourut sur le trône en 1824, sans enfants. Le titre alors appartint à son frère, le comte d'Artois, qui monta sur le trône sous le nom de Charles X, et qui avait d'une princesse de Savoie, deux fils, Louis-Antoine, duc d'Angoulême, dauphin pendant le règne de son père, et Charles-Ferdinand, duc de Berry, père de Louise-Marie-Thérèse de France (*Mademoiselle*, née à l'Élysée-Bourbon, le 21 septembre

1819, morte duchesse-douarière de Parme le 1er février 1864), et
d'Henri, duc de Bordeaux, maintenant Henri V, son oncle le dauphin, qui aurait dû succéder à Charles X sous le titre de Louis XIX,
étant mort sans enfants de son mariage avec Madame Royale, Marie-
Thérèse-Charlotte, fille de Louis XVI.

Pour nous résumer, la généalogie d'Henri V depuis Henri IV est
comme suit :

Henri IV ;
Louis XIII ;
Louis XIV ;
Le premier dauphin, fils de Louis XIV ;
Le deuxième dauphin, petit-fils de Louis XIV ;
Louis XV ;
Le dauphin, fils de Louis XV ;
Charles X ;
Le duc de Berry, son fils ;
Henri V, fils du duc de Berry ;

En tout neuf générations, depuis Henri IV et depuis Saint Louis
jusqu'à Henri IV, dix du côté paternel et douze du côté maternel, car
Jeanne d'Albret descendait de Saint Louis par le roi Philippe-le-Hardi.

D. De qui descendent les princes de la branche d'Orléans ?

R. Le duc Philippe d'Orléans, fils de Louis XIII, fut père du fameux Régent, duquel est descendu Louis-Philippe, duc de Chartres,
puis d'Orléans, ensuite Roi des Français, dont le fils aîné, nommé
d'abord aussi duc de Chartres, et, en 1830, duc d'Orléans, s'est tué
par accident le 13 juillet 1842, et a laissé deux fils, Louis-Philippe-
Albert d'Orléans, comte de Paris, et Robert-Philippe-Louis-Eugène-
Ferdinand d'Orléans, duc de Chartres.

L'ancêtre commun d'Henri V et du comte de Paris, du frère et des
oncles de celui-ci est le roi Louis XIII.

D. Henri de France est-il marié ?

R. — Oui, Henri-Charles-Ferdinand-Marie-Dieudonné de France
a épousé le 16 novembre 1846, l'archiduchesse Marie-Thérèse-Béa-
trice-Gaëtane d'Autriche et d'Este, née le 14 juillet 1817, fille aînée
de feu François IV, duc de Modène, de laquelle il n'a pas d'enfants.

D. — Sa sœur a-t-elle laissé des enfants ?

R. — Oui, *Mademoiselle* avait épousé l'infant d'Espagne, Ferdinand-
Charles de Bourbon, prince héréditaire, puis duc de Parme et de
Plaisance, qui est mort à Parme, le 27 mars 1854, sous le poignard
d'un assassin ; sa veuve a sagement gouverné le duché comme ré-
gente pour son fils, le duc Robert-Charles-Louis-Marie de Bourbon,
né le 9 juillet 1848, jusqu'à l'annexion de ce duché aux Etats de Victor-Emmanuel, roi de Sardaigne, et est morte, laissant quatre enfants.
desquels leur oncle Henri a pris soin après la mort de leur mère.

Ces quatre enfants sont :

1° Le duc Robert dont nous venons de parler ;

2° La princesse Marguerite-Marie-Thérèse-Henriette de Bourbon,
née le 1er janvier 1847, mariée à Frohsdorf, le 4 février 1867, au prince
Charles-Marie de Bourbon, infant d'Espagne, roi légitime d'Espagne
sous le nom de Charles ou Don Carlos VII ;

3° La princesse Alice-Marie-Caroline-Ferdinande-Rachel-Jeanne-
Philomène de Bourbon, née le 27 décembre 1849, mariée à Frohsdorf, le 11 janvier 1868, à Ferdinand IV, grand-duc de Toscane, archi-
duc d'Autriche, prince de Hongrie et de Bohême ;

4° Le prince Henri-Charles-Louis-Georges-Abraham-Paul-Marie
de Bourbon, comte de Bardi, né le 12 février 1851, marié, en 1876, à la
princesse Aldegonde de Bragance, fille du feu roi de Portugal, Don
Miguel.

Ces princes et princesses, neveux et nièces d'Henri de France, descendent par le duc d'Anjou, Philippe V, roi d'Espagne, du premier

dauphin, fils de Louis XIV, et aussi du même dauphin, par le duc de Bourgogne, du côté de leur mère.

Le duc Robert de Parme a épousé à Rome, le 5 avril 1869, la duchesse Marie-Pie-des-Grâces, née le 2 août 1849, fille du feu Ferdinand II, roi des Deux-Siciles. Il a deux enfants, la princesse Marie-Louise de Bourbon, née à Rome, le 17 janvier 1870, et le prince Ferdinand-Marie-Charles de Bourbon, né le 5 mars 1871.

D. — Quels sont les autres membres de la maison de Bourbon ?

R. — Ce sont les descendants du duc d'Anjou, Philippe V, roi d'Espagne, qui, par le traité d'Utrecht, signé le 28 avril 1713, pour lui et ses successeurs au trône d'Espagne, par ordre de primogéniture de mâle en mâle, a renoncé au droit de succession au trône de France pour que, porte le traité, les deux couronnes ne puissent pas être réunies sur la même tête. Ses descendants sont appelés les Bourbons d'Espagne. Une branche de cette famille régnait à Naples, une autre à Parme ; ces deux branches ont été dépossédées de leurs États par le roi de Sardaigne, Victor-Emmanuel. Le chef des Bourbons d'Espagne est maintenant Don Carlos, fils aîné de Don Juan d'Espagne, époux de la sœur de Madame la comtesse de Chambord, qui a renoncé le 3 octobre 1868 à ses droits à la couronne d'Espagne en faveur de son fils aîné ; ses enfants ont été élevés par leur tante et leur oncle Henri de France, et Don Carlos a épousé, comme nous l'avons dit, la princesse Marguerite de Parme, petite-fille par sa mère du duc et de la duchesse de Berry.

Don Carlos, Charles VII d'Espagne, est l'arrière-petit-fils du roi Charles VI d'Espagne. Isabelle qui a régné en Espagne est la cousine germaine de son père, par conséquent Alphonse, fils d'Isabelle, qui occupe le trône, est le cousin issu de germain de Charles VII.

Charles VII a de sa femme la princesse Marguerite de Bourbon de Parme, quatre enfants : l'infante Blanche-de-Castille , etc., née à Gratz le 7 septembre 1868 ; l'infant Jacques-Jean-Charles-Alphonse-Philippe, prince des Asturies, né le 27 juin 1870; l'infante Elvira-Marie-Thérèse-Henriette, née à Genève, le 28 juillet 1871, et une princesse née à Pau l'année dernière.

Tous les princes et princesses d'Espagne, y compris le roi des Deux-Siciles François II, cousin germain d'Henri de France par *Madame*, duchesse de Berry, et les autres membres de la famille royale de Naples et de Parme descendent, par le duc d'Anjou. du dauphin, fils de Louis XIV.

D. — Quels sont les princes de la branche de Bourbon-Orléans ?

R. — Ce sont : 1° Louis-Philippe-Albert, comte de Paris (1), né à Paris le 24 août 1838, marié à Kingston-on-Thames (Angleterre), le 30 mai 1864, à la princesse Marie-Isabelle, fille du duc de Montpensier, dont il a une fille et un fils, nés à Twickenham (Angleterre).

2° Robert-Philippe-Louis-Eugène-Ferdinand d'Orléans, duc de Chartres, né à Paris le 9 novembre 1840, marié à Kingston-on-Thames, le 11 juin 1863, à la princesse Françoise-Marie-Amélie d'Orléans,

---

(1) Le 5 août 1873, un grand événement désiré depuis longtemps s'est accompli à Frohsdorf : Son Altesse Royale le comte de Paris a fait visite à Henri de France, et, en l'abordant lui a adressé ces mémorables paroles :

« Je vous fais une visite que je désirais depuis longtemps. Je salue en vous, « au nom de tous les membres de ma famille et en mon propre nom, non-seu- « lement le chef de notre maison, mais aussi le seul représentant du principe « monarchique en France. »

Le Roi a accueilli son cousin avec avec la plus grande cordialité et désormais plue de division.

Le mot d'orléanisme n'a plus de raison d'être.

Abjurons toutes nos querelles
De l'honneur écoutons la voix:
A la France, à Henri fidèles,
Jurons, jurons d'en défendre les droits !

fille du prince de Joinville, dont il a une fille et deux fils, nés à Ham près de Richmond (Angleterre).

Le comte de Paris et le duc de Chartres sont tous deux fils des feus Ferdinand, duc d'Orléans (fils aîné de Louis-Philippe), et Hélène-Louise-Elisabeth, fille de feu Frédéric-Louis, prince-héréditaire de Mecklembourg-Schwérin.

3° Louis-Charles-Philippe-Raphaël d'Orléans, duc de Nemours, né à Paris le 25 octobre 1814, veuf le 10 novembre 1857 de la princesse Victoire-Auguste-Antoinette, fille de feu Ferdinand, prince de Saxe-Cobourg-Cohary. De ce mariage sont issus deux fils et deux filles: le comte d'Eu, gendre de l'empereur du Brésil ; le duc d'Alençon, marié à la princesse Sophie-Charlotte-Augustine de Bavière, sœur de LL. Majestés l'impératrice d'Autriche et la vaillante reine Sophie-Amélie de Naples ; la princesse Marguerite-Adelaïde-Marie d'Orléans, mariée au prince Ladislas Czartoryski et la princesse Blanche-Marie-Amélie-Caroline-Louise-Victoire d'Orléans.

4° Marie-Clémentine-Caroline-Léopoldine-Clotilde d'Orléans, née à Paris le 3 juin 1817, femme du prince Auguste-Louis-Victor, prince de Saxe-Cobourg et Gotha, duc de Saxe.

5° François-Ferdinand-Philippe-Louis-Marie d'Orléans, prince de Joinville, né à Neuilly le 14 août 1818, époux de la princesse Françoise-Caroline-Jeanne, fille de feu Pierre 1er, empereur du Brésil, et père de la duchesse de Chartres et du duc de Penthièvre.

6° Henri-Eugène-Philippe-Louis d'Orléans, duc d'Aumale, né à Paris le 16 janvier 1822, veuf sans enfants de la princesse Marie-Caroline-Auguste de Bourbon, fille de feu Léopold des Deux-Siciles, prince de Salerne, grand-oncle d'Henri.

7° Antoine-Marie-Philippe-Louis d'Orléans, duc de Montpensier, né à Neuilly le 31 juillet 1824, marié à Marie-Louise-Ferdinande, infante d'Espagne, dont il a un fils et trois filles, l'aînée desquelles a épousé son cousin germain, le comte de Paris.

Les autres descendants de Louis-Philippe sont :

1° Le roi des Belges, Léopold II, et son frère le comte de Flandre, et l'infortunée princesse Charlotte, leur sœur, veuve de Maximilien, empereur du Mexique, tous trois enfants de feu la princesse Louise d'Orléans, fille de Louis-Philippe, mariée à Léopold 1er, roi des Belges ; et 2° le prince Philippe de Wurtemberg, fils de la princesse Marie d'Orléans, fille de Louis-Philippe, et d'un prince de Wurtemberg.

D. — Quand le duc de Bordeaux fut-il forcé de quitter son pays natal ?

R. — En 1830, après la révolution de juillet. Il faut remarquer que cette révolution, appelée par les Parisiens *la glorieuse*, renversa le trône de Charles X un mois à peine après la conquête d'Alger par son armée, malgré l'Angleterre, sous le drapeau *blanc* déplacé sitôt après pour le *tricolore*, pris comme drapeau de la révolte la plus anti-patriotique qui fut jamais, et auquel, quoique si déchiré à Sedan, etc., il paraît que quelques-uns prétendent qu'on tient si fort encore en ce moment dans notre pauvre France.

Il est étrange d'avoir à dire que le roi fut récompensé de la grande victoire d'Alger par l'expulsion de son pays ; nous venons de voir le désastre de Sedan suivi d'une autre révolution. Ainsi la populace de Paris ou plutôt les agitateurs qui la mènent à leur gré sont également disposés suivant leur caprice à punir le succès comme la défaite. Le conquérant d'Alger, le bienfaiteur de l'Europe par l'extinction de la piraterie, doit être proscrit, et ce n'est pas la conquête de l'Afrique, mais la révolte à Paris qui est déclarée *glorieuse* !!

D. — Vous parlez des trois couleurs. Savez-vous quelles sont ces couleurs, rouge, blanc et bleu ?

R. — Ce sont les couleurs des Anglais, car il n'y a pas de refrain national plus ancien, plus populaire en Angleterre que celui-ci :

« *Three cheers for the RED, WHITE and BLUE !* » — « Trois vivat pour le Rouge, le Blanc et le Bleu. »

Ce refrain accueillit la famille royale en Angleterre; ce fut la première leçon d'anglais du duc de Bordeaux.

Les Anglais vengés de la conquête d'Alger faite malgré eux rirent beaucoup et rient encore sous cape de voir les soi-disants patriotes français s'obstiner à faire porter en France la livrée de l'Angleterre.

D. — Où le duc de Bordeaux alla-t-il avec ses parents d'abord en quittant la France en 1830 ?

R. — De Cherbourg, la famille royale se rendit le 23 août à Weymouth en Angleterre, de Weymouth au château de Lulworth, comté de Dorset, où elle ne fit pas un long séjour, ensuite en Ecosse au château des Stuarts, Holyrood, à Edimbourg.

En Ecosse on entendait Henri chanter à sa sœur la romance de Châteaubriand :

> *Ma sœur, qu'ils étaient beaux ces jours*
> *De France !*
> *O mon pays, sois mes amours*
> *Toujours ?*

D. — Resta-t-il longtemps en Ecosse ?

R. — Non ; à la fin de 1832, la famille royale alla habiter en Bohême le château de Hradschin, à Prague, où elle séjourna trois ans et sept mois ; après ce temps elle alla s'établir à Goritz en Illyrie où le roi Charles X mourut, le 6 novembre 1836. Le duc de Bordeaux, après la mort de son grand-père, continua d'y résider avec son oncle Louis-Antoine de France, sa tante Marie-Thérèse et sa sœur Louise.

D. — Henri de France ne manqua-t-il pas de perdre la vie par un terrible accident ? Où et quand cet accident arriva-t-il ?

R. — En juillet 1841, le jeune prince était allé avec ses parents passer quelque temps au château de Kirchberg, à 36 lieues de Vienne, sur la route de Bohême ; le 28, il était allé faire une promenade à cheval ; il est excellent cavalier, mais son cheval se renversa sur lui, et dans cette chute le prince eut le col du fémur brisé ; il y avait tout à croire que cette chute serait mortelle : Dieu ne voulut pas rappeler à lui Henri Dieudonné, lui donna cette occasion de jouer avec la douleur et le réserva pour les hautes destinées qui, — l'heure en est à Dieu, — l'attendent sans doute en France. L'auteur de ces pages reçut à cette époque au sujet de cet accident une lettre intéressante d'un des plus fidèles serviteurs de la famille royale, lequel a contribué à son instruction militaire. (Voir l'extrait de la lettre A à la fin).

D. — Henri de France a-t-il reçu une éducation et une instruction en rapport avec l'époque où nous vivons ?

R. — Oui, le duc de Bordeaux a été parfaitement élevé, de manière à faire l'admiration et à s'attirer les cœurs de tous ceux qui l'approchent même, prévenus contre lui. C'est un fait incontestable.

Dans un séjour d'études qu'il a fait à Rome, il s'est montré doué du goût artistique le plus pur. Son instruction en tous genres ne laisse rien à désirer. Il est à la hauteur de son siècle, partisan de toutes 'es inventions utiles et étonnant par ses connaissances les industriels et les savants. On l'a bien vu notamment à l'exposition de Vienne en 1873. Nos fameux démocrates qui parlent tant de progrès seraient fort en peine s'il leur fallait discuter à fond avec lui toutes les questions utiles.

D. — Mais n'est-il pas le représentant inflexible de l'absolutisme ?

R. — Laissez dire ses calomniateurs ; ils savent bien que LUI SEUL PEUT ET VEUT concilier la liberté et l'ordre en France, et c'est parce qu'ils le savent et que cela dérange trop leurs plans d'ambition particulière qu'ils s'acharnent contre lui. Ses études et son esprit d'observation lui ont depuis longtemps appris quel serait le meilleur régime constitutionnel à faire suivre à la nation française. Il s'en est d'ailleurs clairement expliqué dans ses lettres et manifestes. Mais citons à ce sujet une anecdote.

Il y a quelques années, un capitaine marin, de passage sur un bateau à vapeur entama la conversation avec un autre passager sur la politique française. Ils étaient tous deux Français : le marin se posa en républicain progressiste avancé, et invita son interlocuteur à lui exposer sa manière de voir, en fait de gouvernement. Celui-ci lui fit un tel exposé de l'application de ses principes, que le marin ne put s'empêcher de s'écrier : « Oh ! monsieur, quel système magnifique ! Je n'ai pas l'honneur de vous connaître, mais s'il y avait un chef de gouvernement à mettre, je vous donnerais ma voix. Comme votre plan contrarierait les idées rétrogrades de ce Chambord et de tout son attirail de nobles et de calotins ! » — *Je suis le comte de Chambord,* » répliqua simplement l'inconnu, et c'était effectivement lui.

D. — Henri n'est-il pas revenu visiter l'Angleterre et en étudier les établissements et institutions ?

R. — Oui, à la fin de 1843, à l'âge de 23 ans, et il s'y fit accompagner des hommes les plus éminemment capables de lui expliquer les manufactures et les établissements en tous genres. Notamment pour visiter Portsmouth, Woolwich, Sheerness, etc., Henri avait à son côté un homme éminemment pratique (ami de l'auteur), ancien général-inspecteur de l'artillerie de marine en France, appelé exprès de Bretagne par le royal élève. (Voir l'extrait de la lettre B. à la fin de l'ouvrage.

L'illustre orateur et avocat Berryer qui, dans le cours d'une longue vie, n'a cessé de donner des preuves d'un libéralisme vraiment éclairé et est demeuré jusqu'à sa mort, en 1868, le principal conseiller du prince, se trouvait aussi constamment auprès de lui dans ce voyage, l'aidant de ses lumières dans l'étude des institutions et des lois.

Le prince et sa suite séjournèrent alors à Londres, Belgrave-Square n° 35. Il y reçut une foule de visiteurs venus de tous les points de la France. Des Français de tous les états, de tous les rangs se pressaient dans les salons. On y voyait des écrivains, des artistes, des négociants, des artisans. Chez Henri, de simples ouvriers se trouvaient sur le pied d'une égalité parfaite avec les plus grands noms de France. Henri n'interrompit son séjour en Angleterre qu'à la nouvelle d'une maladie de son oncle, le roi Louis XIX, plus connu sous le nom de duc d'Angoulême, maladie qui se prolongea jusqu'au 3 juin 1844. Ce jour Mgr le duc d'Angoulême mourut à Goritz, où il est inhumé auprès de son père, le roi Charles X. Depuis, trois illustres princesses, la reine Marie-Thérèse de France, fille de Louis XVI, veuve de Louis XIX, tante d'Henri, morte en 1851, Louise de France (Mademoiselle), duchesse douairière de Parme, sœur d'Henri, morte jeune encore, en 1864, et Marie-Caroline, duchesse de Berry, sa mère, morte en avril 1870, ont été réunies aux deux rois exilés dans les caveaux de la modeste église des Franciscains de Goritz : cinq tombes chéries desquelles le sentiment du devoir envers la patrie fera un jour s'éloigner Henri pour aller se vouer à l'œuvre de réparation des maux de la France causés par d'autres que lui et les siens.

D. — Mais n'est-il donc pas vrai de dire qu'Henri est l'ami exclusif des prêtres et des nobles, qu'il ne se trouve bien qu'avec eux et ne voit que par leurs yeux ?

R. — Les Français nombreux qui ont visité Henri de France, soit à Frohsdorf, près de Vienne qu'il habite depuis la mort de son oncle, soit à Ems, Wiesbaden, Bruges, Anvers, Venise, en Suisse ou ailleurs, savent fort bien par eux-mêmes le contraire : l'auteur de cette notice a été personnellement témoin en août 1850 de l'affabilité cordiale avec laquelle Henri se plaisait à converser avec les ouvriers et les simples paysans venus de France le voir, s'enquérait de leurs vues, de leurs idées, de leurs besoins, leur promettant formellement, si jamais la Providence le rappelait en France, de les revoir avec le plus vif plaisir, et sans intermédiaires, pour recueillir leurs avis, et se tenir au courant des nécessités et des besoins des classes laborieuses et des améliorations à faire.

L'accueil cordial qu'Henri fit à cette époque aux visiteurs qui allèrent à Wiesbaden lui rendre hommage détermina dès lors l'auteur de cette notice à entreprendre de réfuter par la publication de ces aimables réceptions les calomnies et les préjugés répandus partout en France depuis si longtemps et avec tant d'impudeur par les jaloux et les gens de mauvaise foi qui ont adopté la règle fameuse :

« *Mentez, calomniez, il en restera toujours quelque chose.* »

Le 19 août 1850, un grand dîner fut donné à Wiesbaden par Henri V aux paysans, cultivateurs, artisans français qui s'étaient rendus en foule à cette ville pour le voir. Deux d'entre eux, un jardinier nommé Germain, de Saint-Mandé près de Paris, un jeune ouvrier sellier de Paris nommé Sicard, furent désignés par les autres pour s'asseoir à la table royale avec Madame Guérin (1), simple femme de campagne, venue, sans changer rien à son costume de paysanne vendéenne, de Machecoul près de Nantes, et avec Henri lui-même ; et la Vendéenne s'assit à la droite du roi. La représentation de ce dîner sans cérémonie qui rappelle à la mémoire celui d'Henri IV chez le meunier Michaud, fut dédiée par l'auteur de ces lignes à l'auguste mère d'Henri de France, princesse si émminemment digne de popularité, juge compétente en matière d'intelligence dévouée et qui savait discerner le mérite, même dans la plus humble condition (2).

A cette dédicace, Son Altesse royale. *Madame*, Duchesse de Berry, nous répondit par la lettre autographe suivante :

« Brunsée, le 10 octobre 1851.

« J'ai reçu votre lettre avec bien du plaisir, Monsieur, et je ne puis que vous approuver dans l'idée que vous avez conçue pour réfuter les préjugés et les calomnies que la jalousie et la mauvaise foi s'efforcent d'accréditer contre mon fils. S'il était connu tel qu'il est, je ne doute nullement que son nom ne devînt très-populaire, populaire comme celui d'Henri IV, même auprès des plus prévenus con-

---

(1) Le fils Guérin zouave pontifical, a péri à Castelfidordo.

(2) Dix ans après l'expédition de S. A. Royale en Vendée, j'eus à Gratz l'honneur d'un entretien avec elle, et la princesse au cœur si noble et si bon n'avait pas oublié ses vieux, vrais amis, mais elle s'empressa de me demander des nouvelles (*en les appelant chacun par leurs noms*) de simples paysans ou paysannes, marchandes de fruits, de poissons, etc., qui lui avaient prouvé leur dévouement sans réserve.

Je viens tout récemment d'admirer au village de La Couronne et au hameau de la Folie près de Sausset (Bouches-du-Rhône) des marques de la munificence de la généreuse princesse envers un marin, nommé Véran et deux pêcheurs qui la firent débarquer en France en 1832; aussi envers des paysans, les époux Laurent, qui lui ont donné l'hospitalité pendant deux nuits. Ces braves marins m'ont montré avec orgueil les montres que la princesse a donnée à chacun avec mention gravée de leurs noms sur le boîtier. La veuve Laurent m'a aussi montré une magnifique chaîne en or, sur l'agrafe de laquelle sont gravés les mots : Donné par S. A. R. Madame, duchesse de Berry, à Apollonie Laurent.

Tant que la princesse a vécu, ces pauvres gens, quand ils ont été dans le besoin spécialement la femme Laurent et un petit fermier, nommé Pierre Gouiran, de Gignac qui conduisit *Madame* en sûreté à travers la campagne, ont reçu d'elle des secours d'argent. Et nous avons constaté avec délice que le royal Henri reconnaît encor aujourd'hui par des bienfaits continuels les services rendus il y a 45 ans à sa mèr par ces gens dévoués.

Trouve-t-on beaucoup de fils modelés sur celui-là ?

tre lui. C'est ce qu'éprouvent tous ceux qui le voient et vous ne vous étonnerez pas que sa mère en convienne et en soit fière.

« Puissiez-vous réussir à répandre partout votre gravure et à faire goûter en tous lieux le sujet qu'elle représente.

« Je n'oublie point toutes les marques de dévouement que vous nous avez données dans de tristes moments. Croyez bien que je serai heureuse de revoir mes amis dans votre bon pays ; en attendant, croyez, Monsieur, à mon estime et affection.

« MARIE-CAROLINE. »

D. — De quels tristes moments la princesse voulait-elle parler dans sa lettre ?

R. — *Madame* faisait allusion à l'époque de la trahison du juif baptisé Deutz (aliàs Drake), qui en 1832, comme autrefois Judas envers son Maître, vendit aussi sa bienfaitrice, sa marraine (à Rome l'ambassadrice de France avait représenté la duchesse de Berry comme marraine de Deutz). Il trahit sa confiance, fit saisir sa correspondance, ses plans pour la restauration du jeune roi son fils, et finalement, à Nantes, en Bretagne, pour une somme de 250,000 francs, livra à ses ennemis cette noble héroïne, nouvelle Marguerite d'Anjou (1).

D. — Le nouveau Judas profita-t-il du prix de ce hideux marché ?

R. — Non, Judas se pendit, mais Deutz, en horreur à lui-même, se sentant descendu si fort au-dessous des plus vils scélérats que l'assassin lui-même du duc de Berry,

Que Louvel indigné repoussera sa main,

(Victor Hugo.)

*(Et la main d'*ADOLPHE THIERS*, le séducteur de Deutz ! ! !)*

ne trouva de refuge que dans un bouge de Belleville, où, jour et nuit, ivre-mort d'alcool et d'absinthe, il ne tarda pas à épuiser son or et sa vie infâmes.

Grâce à Dieu, ce monstre n'était pas né Français, mais *juif-allemand*.

O Marseille, es-tu fière d'avoir donné le jour au séducteur du Juif !

O France, Eve crédule, la langue dorée de ce serpent est plus à l'œuvre que jamais, il t'offre des fruits de mort ! Ce démon, qui te possédait naguère, le vois-tu comme celui de l'Ecriture, raccourir avec sept (2) diables plus méchants que lui, si c'est possible, pour te déchirer les entrailles !

Mais tourne tes yeux vers l'Orient, Dieu t'envoie un sauveur.

Nous cherchions à frapper le mal dans sa racine, en tâchant de faire parvenir jusque dans la plus pauvre chaumière la preuve parlante des sentiments et de l'attitude populaires du roi légitime et à répéter partout ce que nous savions personnellement du mérite et des dispositions d'Henri de France. Mais nous étions trop dans le vrai pour ne pas porter ombrage au pouvoir nouveau, qui ne tarda pas à faire le coup d'État de décembre, et qui aurait eu trop à perdre dans l'esprit des ouvriers et des cultivateurs à soutenir loyalement la comparaison. Aussi nous ne tardâmes pas à être entravé dans notre espèce d'apostolat par des persécutions de tout genre, des arrestations à chaque pas, emprisonnement avec ou sans forme de procès, et par la saisie et la destruction de nos publications.

---

(1) Marguerite d'Anjou, aussi fille d'un roi de Sicile, du bon roi René de la maison de France, dont la mémoire est vénérée en Provence, revendiqua à main armée la couronne d'Angleterre pour son mari Henri VI et pour son jeune fils Edouard.

(2) Les *sept* sont maintenant les fameux 363 ex-députés, auxquels il faut ajouter les 130 sénateurs républicains. Ce diable qui veut te posséder, ô France, s'appelle dans l'Ecriture sainte : *Légion*.

Souvent les gens de police, gendarmes ou commissaires, quand ils étaient *seul à seul* avec l'auteur de ces lignes, lui manifestaient le regret d'avoir à exécuter les ordres précis reçus de Paris, *si contraires à leurs sympathies et convictions secrètes*, se recommandaient au bon souvenir de leur prisonnier (ce phénomène est une preuve frappante du sentiment inné du droit légitime, impérissable sentiment), « car, disaient-ils, on ne sait pas ce qui peut arriver. » L'un de ces commissaires, celui de la ville de Valognes, nous parla de ses six ou sept enfants dont il lui fallait gagner le pain, nous supplia de nous souvenir de son nom pour le cas échéant, lui obtenir de l'avancement sous le roi. « Car, monsieur, ajoutait-il, si je vous arrête aujourd'hui, qu'arrivera-t-il, demain peut-être, puisque dans le même mois j'ai été chargé d'arrêter le prince Louis-Napoléon et le citoyen Ledru-Rollin ? »

Nous persévérâmes dans notre lutte pendant trois années et nous reçûmes dans l'intervalle des lettres d'approbation qui nous ont amplement récompensé de ces efforts ; nous nous bornerons à citer l'extrait suivant :

« Brunsée, 2 décembre 1852.

« ... Je vous suis bien reconnaissante des efforts que vous faites pour populariser en France le nom et l'amour de mon fils. Je crois bien comme vous que la popularité rivale qui triomphe en ce moment n'est que le résultat d'un entraînement momentané.

« Je conserve fidèlement les noms des serviteurs zélés que vous me signalez. Fasse le ciel qu'un jour que bientôt même je puisse les récompenser comme vous !

« Quant à vous, Monsieur, croyez bien à mon estime et affection.

« MARIE-CAROLINE. »

D. — Vous nous avez dit qu'Henri de France avait reçu peu après sa naissance, comme hommage national, le château de Chambord et dépendances : c'est une propriété considérable, et sans doute, vivant à l'étranger, il en aura comme tout autre propriétaire absent d'un pays fait venir de France chaque année les revenus importants ; autant d'argent par conséquent consommé hors de France, autant de moins pour le pays.

R. — C'est ce qu'aurait fait sans doute tout autre propriétaire, surtout absent malgré lui, ayant des charges immenses et un revenu restreint par ailleurs, mais Henri de France est le génie personnifié de la bienfaisance : il est à notre connaissance parfaite qu'il n'a jamais voulu recevoir un centime des 100,000 francs ou à peu près que produit le domaine de Chambord, et que, d'après ses ordres formels, ce revenu a constamment été dépensé sur les lieux mêmes en travaux et secours aux habitants.

D. — Pouvez-vous nous renseigner sur sa manière d'agir à l'égard des cultivateurs, ouvriers, domestiques à ses ordres ou de ses fermiers ?

R. — Rien de plus facile : il en est regardé comme un vrai père, et, dans sa conduite, il ne fait qu'imiter les exemples admirables de générosité et de bonté que lui ont donnés constamment sa mère, son aïeul, son oncle et sa tante à Brunsée, Goritz ou Frohsdorf.

D. — Mais n'ayant pas le bonheur d'avoir d'enfants, Henri de France et la reine sa femme, n'ont-ils pas le cœur singulièrement refroidi par cette circonstance ?

R. — Henri et Marie-Thérèse de France n'ont pas d'enfants, il est vrai, mais se sont dévoués avec un amour de vrais parents à élever comme leurs enfants ceux de la sœur d'Henri et ceux de la sœur de Marie-Thérèse et ils ont eu la consolation d'en voir les aînés unis en mariage ensemble.

Si l'on a entendu quelquefois parler en France du comte et de la comtesse de Chambord. vous pouvez être surs que cela a été à l'occasion de quelque inondation, incendie, choléra ou autres malheurs publics, au soulagement desquels ils épuisaient leur bourse avec empressement.

Et le bien qu'ils répandent secrètement autour d'eux et au loin pour soulager les infortunes privées !

Fera-t-on un crime à Henri du choix de ses amis, de ses secrétaires, de ses correspondants ? Leurs noms ne sont-ils pas tous synonymes d'honneur et de patriotisme ?

Lui reprochera-t-on d'affectionner un *Cazenove de Pradines* (1), le glorieux blessé de Patay, qui, privé de l'usage du bras droit, n'en est pas moins l'un de ses secrétaires intimes; les illustres chefs *Charette, Cathelineau* et leurs vaillants zouaves; *Joseph de Carayon-Latour*, l'héroïque colonel des mobiles de la Gironde, père et nourricier de ses soldats; un *Coriolis*, à côté duquel est tombé mort au combat de Buzenval, le marquis son frère, volontaire de 70 ans; les deux frères *du Bourg*, de Toulouse, qui ont perdu chacun un fils à Loigny, le jeune Joseph *du Bourg*, l'un de ses secrétaires, choisi pour représenter auprès de lui ce frère et ce cousin germain tués à Loigny a côté d'un *Foresta* blessé en pleine poitrine d'une balle encore non-extraite : celui-ci n'a pas besoin, je vous en réponds, de cette balle sur le cœur pour exciter son amour de la patrie; *Frédéric de Lacroix*, le Saint-Vincent-de-Paul toulousain; le vénérable baron *de Fontarèches*, l'idole des paysans et ouvriers des environs d'Uzès et de Nîmes, le marquis de *Solages* à Carmaux (Tarn), à citer pour modèle à tous les propriétaires et administrateurs de mines, le père adoré de ses ouvriers; un marquis *de Fenoyl*, de Ste-Foy-l'Argentière (Rhône), qui en 1870, pour voler à la défense du pays, quitté tout, sa femme, ses dix enfants, ses industries houillère et céramique, et à la tête d'une compagnie de mobiles, contribue à la belle défense de Belfort : il mérite bien celui-là sa croix d'honneur, l'estime de son Prince, l'amour de ses ouvriers, les votes de ses concitoyens; un *de Baudry d'Asson*, le bien-aimé de la Vendée, le vigoureux champion à la tribune des principes pour lesquels combattaient son aïeul et son bisaïeul, sous les ordres du 1er Charette; des administrateurs intègres et zélés, tels que MM. *de Cadillan*, à Tarascon, *du Demaine*, à Avignon, occupés du bien-être de leurs administrés, sans acception de parti, et rendant certainement *suum cuique, à chacun son dû*; et tant d'autres défenseurs ou bienfaiteurs du pays, hommes suivant le cœur d'Henri ?

C'est que ce qu'on fait pour la France, il le ressent comme fait à lui-même.

D'autres que nous ont fait valoir, il y a déjà bien des années, dans les strophes suivantes, les sentiments et les aspirations que nous espérons voir se propager dans tous les cœurs vraiment français :

Sur l'air: *Vive Henri Quatre !*

Vive la France !
Vive son Roi proscrit !
Notre espérance
Le rappelle à long cri :
Vive la France,
C'est crier : Vive Henri !

—

Qu'il soit un homme
Digne de son beau nom !
Qu'il soit grand comme
Le fut Henri-le-Bon,

(1) M. de Casenove de Pradines, atteint d'un coup de feu, tomba à côté de son beau-père et de son beau-frère, le comte de Bouillé et son fils, frappés à mort. Sa blessure le fera toujours cruellement souffrir. Il n'en conserve pas moins toute son énergie et combattra au besoin comme il écrit, de la main gauche.

Et qu'on le nomme:
Henri quatre second !

Notre bon ami, M. Théodore Muret, ce loyal protestant, au-dessus des préjugés et des préventions, nous a laissé une ballade justement populaire en 1848. Nous en extrayons ces quelques vers :

MONSIEUR CRÉDIT.

Chœur : Oui, c'est lui, Monsieur Crédit,
O France,
Ton espérance,
Aussi partout chacun dit :
A nous, Monsieur Crédit !

Crédit est mort, dit la complainte
Faible, souffrant exténué ;
Pauvre Crédit ! de son atteinte
La République l'a tué !
A ce mot si funeste
Henri donnera tort.
Ah ! puisque Henri nous reste
Non, Crédit n'est pas mort !
Oui, c'est lui, etc.

—

Devant ses pas combien de piéges,
Que de périls furent semés !
Mais le ciel a ses priviléges
Dont il comble ses fils aimés !
Dieu qui dans ses mystères
Exprès veillait sur lui,
Pour finir nos misères
Nous le montre aujourd'hui.
Oui, c'est lui, etc.

Tout honnête homme, catholique ou protestant, en France, reconnaît la qualité royale d'Henri V. Témoin cet autre protestant, ancien premier ministre de Louis-Philippe, Monsieur Guizot lui-même, qui deux mois après la révolution de février 1848, à cette question que je lui adressais : « *Où est le roi ?* » répondit sans la moindre hésitation : « *Le roi ! il est à Frohsdorf. Il n'y a qu'un seul roi de France, comme il* « *n'y a qu'un seul Dieu au ciel.* »

D. — Mais beaucoup d'écrivains et autres affirment qu'Henri a prouvé toute sa vie combien il lui répugnait de se mettre en avant pour faire valoir ses droits, de sorte qu'il faut qu'il soit d'une nature apathique, spectateur paisible et indifférent des malheurs de la France ?

R. — Ceux qui parlent ou écrivent ainsi ne comprennent pas du tout et représentent tout à fait mal le caractère et la disposition naturelle d'Henri. Loin d'être apathique, il est tout le contraire ; son énergie est incontestable. Parmi ceux qui le critiquent combien s'en trouverait-il qui ayant été comme lui mis à deux doigts de la mort, par un cheval renversé sur eux, auraient osé comme lui, remonter sur ce même cheval et auraient rendu docile ce rebelle? Et vous, rebelles de toute nature, bon gré, mal gré il vous rendra dociles et souples. Avec cette énergie de caractère, son abstention patiente n'en est que plus admirable ; car dès qu'il se sentira certain que ses services seront acceptés volontiers, avant qu'aucun autre soit prêt, il s'élancera pour sauver la France avec autant d'ardeur qu'il mit lors d'un incendie près de Frohsdorf : il fut le premier à courir au feu, à organiser les services des pompes et les secours et au plus fort de l'incendie, paya de sa personne et risqua sa vie pour sauver les habitants d'un des étages supérieurs de la maison incendiée, et Henri les dégagea du milieu des flammes. Ainsi il agirait pour la France dans ses présents désastres. Mais qu'on ne lui coupe pas les barreaux de l'échelle de sauvetage !

Le 1er mars dernier à Goritz Henri répondait lui-même à ces odieuses imputations par les belles paroles suivantes, adressées à MM. Bergasse, Roux, Massot, le marquis de Coriolis et autres visiteurs venus de Marseille :

« *Je vous remercie d'avoir compris que vous trouveriez auprès de moi aide et conseil au sujet des difficultés actuelles ; vous m'avez parlé des inquiétudes qui paralysent en France l'essor de la prospérité publique ; avec une franchise dont je vous sais gré, vous ne m'avez pas caché les calomnies persistantes qui ne s'attaquent pas moins à la vérité qu'à mon honneur.*

« *Oui, je savais déjà qu'on a osé dire que pour rester dans un repos facile, je laissais la France en péril et renonçais à tout espoir de la sauver. C'est par cet odieux mensonge, contre lequel je proteste, que les ennemis du principe tutélaire de l'hérédité monarchique entretiennent le doute dans les esprits, le trouble et le découragement dans les âmes.*

« *Le découragement, voilà le grand péril que je vous dénonce et qu'il faut combattre.*

« *La révolution est dans son rôle en cherchant à abuser la crédulité publique ; mais je reste inébranlable dans mon droit et suis parfaitement résolu à faire mon devoir lorsque viendra l'heure propice à mon action directe et personnelle.*

« *Je demande à mes amis comme à tous les hommes de bonne volonté, de la préparer et d'avoir confiance. Avec leur concours, s'il plaît à Dieu, la monarchie ne laissera libre le passage ni aux aventures de l'empire ni aux violences du radicalisme, qui prélude au triomphe dont il se croit déjà assuré, en insultant tout ce qu'une nation est obligée à respecter si elle veut qu'on la respecte : le clergé et la magistrature, c'est-à-dire la religion et la justice, et l'armée, cette vivante image du peuple et de son honneur.*

« *Puisque vous êtes venus jusqu'à moi, dites à votre retour quelles sont les fermes résolutions que m'inspirent mon amour pour la France et les dangers qui la menacent.* »

D. — Lui et tous ses parents ont été si horriblement traités par la nation française ! n'y a-t-il aucun danger de le voir, une fois au pouvoir, punir ses adversaires et tous ceux qui ont participé aux torts faits aux Bourbons ?

R. — Ceci est une autre vieillerie propagée malicieusement contre les Bourbons en général et en particulier contre Henri et ceux de ses parents qui lui ont inculqué leurs principes d'oubli des injures et de charité chrétienne. L'auguste et si cruellement traitée fille de Marie-Antoinette nous a elle-même, du ton le plus solennel et le plus touchant, fait l'honneur de nous ouvrir son cœur à propos de la France et des Français, de nous dire combien Charles X jusqu'à sa dernière heure s'inquiétait du bonheur de son pays, combien tous les membres de la famille royale étaient oublieux des injures, et comme elle était heureuse de voir son royal neveu, *Bordeaux*, comme elle le nommait, dans de si bonnes dispositions envers la France et les Français sans exception, n'étant l'homme d'aucun parti, et résolu d'observer comme à sa propre adresse religieusement les recommandations admirables faites par Louis XVI, le Roi martyr, à son fils dans son immortel testament. (Voir à la fin).

Toutes les princesses de la maison de France dans leur exil étaient occupées chaque jour à quelques ouvrages d'aiguille destinés à être envoyés en France pour les pauvres, et nous personnellement avons remarqué comme spécialement Madame la dauphine et Mademoiselle, sœur d'Henri, avaient les doigts tout à fait marqués des piqûres de leurs aiguilles en travaillant à ces ouvrages de charité destinés aux pauvres, sans acception de parti ni de religion. — *Mademoiselle,* oh ! comme elle chérissait son frère !

Sa tante, pour la distraire, et avoir l'occasion de faire une libéralité à un artiste prestidigitateur français de passage à Goritz, fit donner par celui-ci chez elle une séance devant la famille royale et les notables de Goritz. Henri n'avait pas encore quitté Vienne après son accident de cheval.

Le prestidigitateur donna un pistolet à *Mademoiselle* et pria S. A. R. de tirer sur une montre suspendue à un clou vis-à-vis d'elle. Le coup part, le portrait de son frère bien-aimé paraît au lieu de la montre. Nous avons vu nous mêmes les larmes de joie sur les joues de la princesse, joie partagée par son oncle, sa tante et toute l'assistance.

C'était en février 1842. Je venais d'arriver de France à Goritz avec deux compagnons de voyage ; nous dînions à la table de la famille royale. Comme il vient d'être dit, Henri de France était absent ; le Roi son oncle, sa tante, sa sœur et les autres convives buvaient tout simplement de l'eau, tandis que les plus généreux vins de France et du Rhin nous étaient servis. « *Est-ce pour suivre d'augustes exemples que vous buvez de l'eau, M. le comte ?* », dis-je à M. le comte de Montbel, fidèle compagnon de l'exil, mon voisin de table, assez haut pour être entendu de tout le monde : « *Ah ! Monsieur*, répliqua à l'instant et en souriant la reine Marie-Thérèse (duchesse d'Angoulême), *Monsieur de Montbel serait bien bon de se gêner pour nous. Nous ne contraignons ni les cœurs, ni les estomacs, nous en serions bien fâchés.* »

Cette réplique n'est-elle pas tout un portrait de l'admirable fille de Louis XVI ?

D. — Et Bordeaux, comme sa tante le nommait, contraint-il les cœurs et les estomacs ?

R. — Pour réponse, citons entre mille, quelques anecdotes :

LES FERMIERS ANGEVINS.

Au mois de juin 1869, à Frohsdorf, Henri allait se mettre à déjeûner avec le marquis de Caqueray, lorsque, à travers les vitres, il aperçut trois voyageurs. « Mon cher Caqueray, pouvez-vous, d'après la coupe des vêtements de ces voyageurs, deviner quel est leur pays ? » — « Monseigneur, autant que je puis distinguer à travers la poussière, ils doivent être de l'Anjou ou de la Vendée limitrophe. » —« Eh bien ! d'où qu'il viennent, ils doivent être étranglés de soif et avoir bon appétit ; nous allons nous mettre à table, courez les chercher, amenez-les déjeûner sans cérémonie avec moi, ne leur laissez pas le temps de se faire brosser de la poussière. » Et le marquis de courir. Il se croise dans l'antichambre avec le comte de Monti, qui naturellement lui dit : « Où courez-vous donc? Quoi! Vous laissez Monseigneur seul et le déjeuner refroidir, cela ne se ferait nulle part. »—« C'est bon, c'est bon, » lui cria le marquis ; et il rattrapa les trois pèlerins. C'étaient effectivement des cultivateurs de l'Anjou. » « Je viens vous chercher pour déjeûner, leur dit-il. »—« Où ça, Monsieur? »—« Là, » en montrant les fenêtres de la salle à manger.« Mais, Monsieur plaisante, c'est chez le Roi, le Roi ne nous connait pas, nous ne sommes pas invités, nous n'irons pas, nous n'oserions jamais ; et puis voyez, Monsieur, dans quel état nous sommes ! »—« Je ne plaisante pas, le Roi qui vous a vus m'envoie vous chercher, il sait que vous devez avoir soif et faim, et vos habits et leur poussière viennent de France avec vous ; tout ce qui vient de France est bien reçu ici, venez, venez. » Les trois pèlerins se rendirent à l'invitation ; ils furent promptement mis à l'aise par le Roi, le déjeuner fut des plus gais, les *trois* voyageurs burent et mangèrent comme *dix*, tant le Prince avait deviné juste, et après le repas, le Roi leur partagea le contenu d'une vaste corbeille de lys que M. de Caqueray avait rempli le matin : il y en avait une brassée pour chacun. « Les lys croissent bien, grâce à Dieu, dans votre bon pays, dit Henri, mais emportez toujours ceux-ci en mémoire de moi : abondance de bien ne nuit pas. »

LE BONNET ROYAL

En juillet 1851, un tailleur de Montagnac, département de l'Hérault, nommé *Soulanet*, vendit une pièce de terre pour subvenir aux frais de son voyage à Frohsdorf, où il trouva un Roi selon son cœur. Henri, en le voyant, lui dit : « Mon bon Soulanet, si j'avais dans la classe ouvrière beaucoup d'amis comme vous, je pourrais rentrer en France. » « Monseigneur, » répliqua Soulanet, « vous n'en seriez pas sorti. » Dans le courant de la journée, il lui arriva de dire à quelqu'un qu'il serait bien heureux d'emporter dans son pays quelque objet ayant servi mais ne servant plus au Roi, comme un vieux chapeau, une vieille casquette, qu'il en ferait une relique.

A la réception générale du soir, qui fut surpris ? Ce fut Soulanet. Henri vint lui frapper sur l'épaule en lui disant : « Mon bon Soulanet, vous avez manifesté le désir d'emporter dans votre pays quelque objet que j'aie porté, tenez, (et le Prince tira de sa poche un magnifique bonnet de velours bleu brodé en or fin), en voici un que ma sœur m'a fait et brodé, je l'ai porté ; mais prenez-le, portez-le vous-même et pour que je sois sûr que vous le mettrez et n'en ferez pas de relique, le voilà sur votre tête : il a l'air d'être fait pour vous. » Soulanet ne put que dire à demi-voix : « Merci, Monseigneur, c'est que nous sommes deux têtes dans le même bonnet. » Soulanet ravi a emporté le précieux cadeau à son pays de Montagnac, et les jours de dimanche ou de fête, l'on pouvait voir un grand, bel homme, escorté de ses quatre jeunes fils, portant fièrement en tête le bonnet royal, soit dans sa petite ville de Montagnac, soit à Béziers, Pézenas et autres localités du voisinage et les quatre petits garçons criaient aux curieux : « C'est le bonnet du Roi sur la tête à papa. » Madame la duchesse de Parme, étant morte, le bonnet fait et brodé par ses augustes mains est, bien entendu, conservé sous globe comme une précieuse relique. La petite ville de Montagnac est restée royaliste ; le bonnet royal serait-il un talisman préservatif ? On peut dire qu'à l'exemple de Soulanet les habitants ont tous la tête dans le même bonnet que lui. Nous avons vu à Montagnac ce fameux bonnet, ainsi que des médaillons contenant des cheveux d'Henri V, de madame la comtesse de Chambord, de mesdames les duchesses de Parme, de Berry, d'Angoulême ; autour de ce dernier médaillon, Soulanet a écrit : « Cheveux de *sainte* Marie-Thérèse-Charlotte, fille de Louis XVI. La chambre de ce fidèle, qui a renouvelé sa visite à Froshdorf, est comme un musée de souvenirs de la Famille Royale.

Malheureusement cet excellent serviteur du Roi était tombé dans une torpeur léthargique, quand, dernièrement, nous allâmes à Montagnac le voir : il n'y eut que le nom d'Henri qui put attirer son attention ; à ce nom, il ouvrit les yeux, nous saisit la main qu'il attira sous ses draps et qu'il pressa convulsivement sur son cœur, en nous regardant fixement, les yeux baignés de larmes.

Ses quatre fils sont dignes en tout de leur honorable père ; l'un deux, nommé Henri-Charles-Ferdinand-Marie-Dieudonné, comme le Roi lui-même, signalé pour sa bravoure en 1871, est chevalier de la Légion d'honneur et retraité pour cause de blessures.

LE VŒU DE L'OUVRIÈRE

En 1850, un vigneron de Lunel (Hérault), nommé Espanet, avait appris que plusieurs habitants du même département étaient allés à Wiesbaden voir Henri V ; mais frappé d'une maladie mortelle, se sentant près de sa fin, il fit venir auprès de son lit sa fille Madeleine, et, lui montrant un petit morceau d'étoffe blanche qu'il portait sur la poitrine et qu'il déplia sur sa main, lui dit : « Ma chère Madeleine, voici ma cocarde blanche, je m'étais promis sur cette cocarde d'aller, un jour, rendre hommage au Roi ; mais Dieu me rappelle à lui, et je ne puis accomplir mon désir. Madeleine, tu es la seule de mes enfants qui puisse aller voir le Roi pour moi, le veux-tu, quand cela te sera possible ? » Et Madeleine, étendant la main sur la cocarde : « J'en fais le vœu, mon père. » « Merci, mon enfant, maintenant je meurs content, » et, baisant la cocarde, il lui dit : « Tu la mettras sur mon cœur après ma mort. » Quatre heures après, il expirait.

Sa fille pour accomplir son vœu a mis de côté, sou par sou, sur le gain de ses journées d'ouvrière, l'argent du voyage ; elle a persévéré dans cette épargne pendant douze années ; enfin, en 1862, le roi se trouvant à Lucerne, en Suisse, Madeleine put effectuer son voyage en cette ville ; elle s'y rendit sans rien changer à son costume d'ouvrière, en simple bonnet de linge. MM. le vicomte de Rodez-Bénavent, de l'Hérault, et feu le comte de Surville, du Gard, qui allaient la présenter au Roi, la prévinrent que l'on se servait vis-à-vis de lui de l'expression de *Monseigneur*. Mais Henri ayant paru inopinément entre ces deux messieurs lui dit : « Mademoiselle, je vous remercie de l'*honneur* que me fait votre visite. » A ce mot, stupéfaite d'entendre le Roi s'exprimer ainsi envers elle, simple ouvrière, elle tomba à ses pieds, et, oubliant l'expression de Monseigneur, s'écria : « O mon roi, que dites-vous là ! » « J'y serais restée à ses pieds, nous a-t-elle dit, « si le bon prince ne m'avait relevée immédiatement en me disant : « on ne s'agenouille que devant Dieu ; » et à quelques pas de là, elle fut présentée à Madame la duchesse de Parme, qui la combla d'attentions. La princesse lui dit le lendemain qu'elle faisait dire une messe à l'intention de sa fille la princesse Alice, qui était à la veille de sa première communion, et lui demanda si elle communierait : sur sa réponse affirmative, la princesse la fit se placer à côté d'elle, à la chapelle et à la Sainte-Table. La bonne Madeleine Espanet a reçu constamment des marques de bon souvenir du Roi et de sa sœur, tant que la princesse a vécu. La chapelle qu'elle s'est chargée d'orner dans l'église de Lunel, est pleine des offrandes du comte et de la comtesse de Chambord, et la sœur Espanet, comme on l'appelle à Lunel, âgée de soixante-sept ans, y est l'objet de la considération universelle.

LA BÉNÉDICTION DE MONSEIGNEUR

Il y a peu de temps, je visitais à Bordeaux un jeune menuisier nouvellement marié, nommé *Thibault* ; et, comme il venait de dire à sa femme : « Écris donc mon nom et le tien pour Monsieur, » elle écrivit : Mme F. Thibault. « Que veut dire F., Mme Thibault ? » lui demandai-je. — « Félicie, Monsieur. » « Félicie ! je vous en félicite, car votre nom, en latin, veut dire heureuse, et en français comme en latin, vous êtes très-heureuse en ménage, j'en suis certain. » — « Oh ! Monsieur, parfaitement heureuse, surtout à cause de la bénédiction de Monseigneur. » — « Ah ! » répliquai-je, « est-ce que votre mariage a été béni par Monseigneur le cardinal-archevêque ? » — « Oh non ! Monsieur, je ne m'exprime peut-être pas très-exactement, mais c'est qu'aussi on appelle le Roi, Monseigneur, et Thibault, quand il est allé, avec les autres ouvriers d'ici, voir le Roi à Lucerne, n'était pas encore marié ; mais le bon Prince qui pense à tout demanda à Thibault : « Etes-vous marié ou célibataire, mon jeune ami ? » — « Encore garçon, Monseigneur, mais ma fiancée m'attend à Bordeaux. » — « Eh bien, dit le Roi, en lui secouant la main, portez-lui tous mes vœux pour votre bonheur à tous deux ! » — « Voilà, Monsieur, ce que je me permets d'appeler la bénédiction de Monseigneur, et cette bénédiction en a attiré beaucoup d'autres d'en haut sur nous. Nous sommes parfaitement heureux. »

« Brabès Gascous,
« A moun amou bous aous qué
« diouetz crézé, benguetz, ben-
« guetz, qué plazé d'etzé bézé,
« approuachatz bous ! ! ! »
Henri IV.

« Braves et bons français,
« Vous tous qui croyez à mon
« amour, venez, venez ! que j'aie
« le plaisir de vous voir de près,
« approchez-vous ! ! ! »
Henri V.

Ces paroles d'Henri IV inscrites sur le piédestal de sa magnifique statue à Nérac sont bien appropriées aux réceptions de son petit-fils.

Tous ceux qui l'ont vu de près ne peuvent que répéter :

Air : *Du premier pas.*

A son aspect faisant fuir la discorde
Un cri d'amour au loin retentira :
Avec le droit la liberté s'accorde.
Pour les unir Henri V reviendra !
Il reviendra ! (*bis*).

(Paroles du marquis Henri de Dion).

M. le comte de Chambord est sans cesse préoccupé de l'amélioration du sort des classes pauvres.

« J'applaudirai toujours, » écrivait-il, « aux efforts qui seront faits pour « rapprocher et unir entre elles toutes les classes de la société. C'est « en renonçant à une vie oisive et en travaillant au bien-être du peu- « ple, à son instruction, à sa moralisation surtout, que les personnes « qui appartiennent aux hautes classes doivent chercher à dissiper les « fâcheuses préventions qui existent contre elle. »

(Extrait de lettre citée page 158 de *Place au Droit*, par le vicomte d'Arlincourt).

Et tout récemment, le 21 juin 1877, n'écrivait-il pas à M. de Pavin de La Farge, fils d'un grand industriel, près de Viviers (Ardèche), qui venait de perdre son père : « J'appréciais en M. de La Farge les qua- « lités les plus solides de l'homme de foi et de l'homme de cœur, et « j'aimais sincèrement ce modeste soldat de la bonne cause, si loyal « et si convaincu. Je le regrette… pour cette nombreuse population « ouvrière, au milieu de laquelle il vivait, dont les intérêts moraux « et matériels étaient la constante préoccupation de sa vie et dont la « reconnaissance aimait à le proclamer le plus juste des maîtres et « le plus généreux des protecteurs.

« C'est à pareille école que je voudrais voir s'instruire tous ceux qui « consacrent leur labeur à la solution des questions sociales si impor- « tantes de nos jours. Ils comprendraient comment l'esprit chrétien « d'un homme de devoir sait dissiper les préventions, calmer les pas- « sions, vaincre les préjugés, comment en un mot on inspire à l'ou- « vrier l'estime des gens de bien par l'affection qu'on lui porte et « l'estime qu'on lui doit… — Henri. »

Note d'Henri lui-même, écrite en 1849, sur les finances de la Restauration.

« Quand arriva la Restauration, elle eut d'abord à payer les mil- liards qu'avaient coûtés deux invasions dirigées contre l'empire ; elle libéra ensuite le territoire en consacrant un autre milliard à affran- chir les consciences et à doubler la valeur des propriétés foncières en indemnisant le malheur. Puis encore, elle eut à dépenser des sommes considérables pour arracher, malgré l'Angleterre, le roi d'Espagne à sa prison ; puis enfin, il lui fallait faire des armements dispendieux pour l'expédition de Morée et la délivrance de la Grèce, pour la guerre en Afrique et la conquête d'Alger, tout cela encore en dépit de la Grande-Bretagne. Or, elle avait trouvé les caisses de l'État vides et les finances ruinées. Eh bien ! qu'arriva-t-il ? Que fit- elle ? En moins de quinze ans, elle acquitta toutes ses dettes, se dé- barrassa de toutes ses charges, fit face à toutes ses dépenses, racheta par l'amortissement plus de six cents millions de la dette publique, *réduisit l'impôt de 92 millions par an ;* et au milieu d'une prospérité sans exemple, ne laissa qu'un budget annuel d'environ 950 millions. »

(Place au Droit page 155).

Quelle mine d'or et de diamants fournit le principe de la monarchie légitime !

Comparez avec ce que coûtent les gouvernements nés de la révolution. Le budget est triplé, et Léon Say, l'ex-ministre des finances en décembre dernier, nous en annonçait encore l'augmentation immanquable. Quelle différence avec M. de Chabrol, le dernier ministre de la Restauration, qui constatait cette diminution de 92 millions, notée par Henri !

Ce principe légitime tint lieu au Roi en 1814 et 1815 d'une armée formidable pour dire à l'envahisseur étranger : retire-toi et laisse-moi toutes mes provinces.

C'est l'ancienne monarchie qui avait fait la France grande, forte et compacte ; mais les régicides commis en 1793 ont pesé lourdement depuis ce temps sur la France.

Les gouvernements qui se sont succédé, depuis que Laffite a demandé pardon à Dieu et aux hommes d'avoir coopéré à la Révolution de juillet, n'ont été que de faux expédients.

L'Empire né de la Révolution, enveloppé longtemps de cette fumée trompeuse appelée la gloire, n'a laissé trois fois après lui que sang et ruines et de terribles notes à payer.

La Révolution du 4 septembre n'a pu que souscrire au démembrement de la France et enfanter un monstre affreux, la Commune, avec ses assassinats et ses incendies. Plus sages en 1814 et en 1815 qu'en 1870, Bordeaux, puis Paris et le reste de la France, après les défaites de Napoléon, loin de crier pour une République, se jetèrent dans les bras de leur vrai monarque, au lieu de ceux du petit Thiers, le fou-triquet, et de Gambetta, le fou-furieux, et par là l'intégralité de la France fut préservée.

Il est plus que temps de penser à effacer toute trace de tant d'erreurs et de forfaits, et, par de bonnes élections, en soutenant jusqu'au bout le gouvernement réparateur du Maréchal, de se préparer à faire régner un jour l'esprit de concorde et l'amour de la patrie sous le sceptre du petit fils de Saint-Louis, l'enfant de l'Europe, qui en sera l'arbitre pacificateur par son principe et ses vertus.

Lui seul finira nos misères.

D. — Mais la dîme, les droits féodaux !

R. — Les ennemis du comte de Chambord eux-mêmes commencent à laisser de côté cette vieille torpille éventée, qui n'est qu'une insulte au bon sens du peuple. Quoi ! la dîme et des droits féodaux en sus des impôts actuels ! Qu'on aille consulter les percepteurs, qui ont assez de peine déjà à faire rentrer les taxes énormes triplées depuis la restauration, et la note même d'Henri (1) vous prouve qu'il n'agirait point au rebours de son grand oncle Louis XVIII et de son grand père Charles X, qui n'ont jamais rêvé de dîme et de droits féodaux, et qui diminuaient, au lieu d'augmenter, les charges publiques. Notre noble prince mettrait son honneur à les imiter. Il aurait une lourde tâche à remplir, mais, comme il le déclare, il ne reculera pas devant le devoir.

Peuple français, tu viens de tressaillir de dégoût et d'horreur à la lecture du procès de l'abominable veuve Gras, qui faisait jeter de l'a-

----

(1) Voir à la page précédente.

cide sulfurique dans les yeux d'un jeune homme infatué de ses charmes, qui prétendait ensuite le soigner tendrement (avec des larmes de crocodile, et tout en lui versant à nouveau du corrosif dans les yeux !) afin de s'assurer à jamais sa reconnaissance et d'accaparer sa personne et toute sa fortune, tout en se donnant le beau rôle de compagne et de guide dévouée et fidèle au pauvre aveuglé, rôle qui l'aurait recommandée un jour à l'Académie pour le prix Montyon ; peuple français, tu as félicité la justice de la découverte et de la punition de cet affreux forfait ; mais tu as trouvé la condamnation encore trop douce pour cette atroce perfidie !

Oh ! mon peuple, tu juges sainement en cette affaire, mais rentre en toi-même ; n'es-tu pas l'amoureuse dupe de cette courtisane bien autrement coquine qui a nom RÉVOLUTION (variété sur une échelle immense du type Gras), laquelle te jette si obstinément tant de poudre aux yeux !

Crois-moi, arrache une fois pour toutes ta personne et tes biens aux caresses et aux soins perfides de la Sirène-pieuvre aux 363 tentacules, tranchées d'un coup, mais qui cherchent à ressouder leurs tronçons ; et comme tu ne vois pas encore te conduire, reste confié à l'habile et dévoué docteur qui, avec l'aide de tous tes vrais amis, mènera à bonne fin ta cure entreprise le 16 mai ; reste à sa maison de santé, s'il le juge convenable, même trois années encore, il te fera voir clair, te guérira de ta folle passion, il te laissera ton libre arbitre, et sans être influencé par personne, tu retourneras naturellement vers ta noble famille et son royal chef, que tu as abandonnés depuis trop longtemps, et qui te gardent toute leur tendresse. *La Révolution*, quelque masque, quelque nom qu'elle prenne, aura beau te crier comme cet autre démon femelle : Roger, défends-moi donc ! Roger, sauve-moi ! Roger, délivre-moi ! tu laissera la justice humaine et la justice divine suivre leur cours. Le monstre sera frappé d'impuissance non pour 15 ans, mais pour toujours, et grâces en soient rendues à Dieu dans sa miséricorde, ta félicité durera sans nuage !

Les radicaux et leurs complices crient : *Vive la République, meure plutôt la France !*

Les honnêtes gens : *Vive le Maréchal ! pour sauver la France de l'abîme entr'ouvert par la radicaille !*

Et un jour, peuple français, tu n'auras qu'un cri : *Vive le Roi !* pour que *vive la France !!!*

DÉCLARATIONS D'HENRI V.

« Je ne veux pas être le roi d'une classe ni d'un parti, mais le roi de tous. (Au général Donnadieu, 26 août 1844.)

« Je comprends les conditions que le temps et les événements ont faites à la société actuelle. Je reconnais ses intérêts nouveaux. (Au duc de Noailles, 5 octobre 1848).

« Ce que je demande, c'est de présider aux destinées du pays, en soumettant avec confiance les actes du gouvernement au sérieux contrôle des représentants librement élus. (Lettre du 8 mai 1871.)

« Nous donnerons pour garantie à ces libertés publiques, auxquelles tout peuple chrétien a droit, le contrôle des deux Chambres. (Manifeste de Chambord, 5 juillet 1871).

« Vous savez que je ne suis point un parti, et que je ne veux pas revenir pour régner par un parti, et que je ne veux pas revenir pour régner par un parti : j'ai besoin du concours de tous, et tous ont besoin de moi. (Lettre à M. de Rodez-Bénavent).

« En être réduit, en 1873, à évoquer le fantôme de la dîme, des droits féodaux. de l'intolérance religieuse, de la persécution contre nos frères séparés ; que vous dirais-je encore ? du gouvernement des prêtres, de la guerre follement entreprise dans des conditions impossibles, de la prédominance des classes privilégiées ! Vous avouerez qu'on ne peut pas répondre sérieusement à des choses si peu sérieuses. (Lettre à M. de Rodez-Bénavent).

NOTE SUR BAZAS ET BORDEAUX EN 1814.

Le 10 mars 1814, au soir, monseigneur le duc d'Angoulême, accompagné de MM. le baron de Marbotin-Sauviac, Descure et de Giresse, reçut l'hospitalité à Bazas, chez M. de Montfort, maire de la ville. Ce même soir, le jeune *Berthet*, fils d'un horloger, annonça à sa sœur la présence du Prince, et ils tinrent, à eux deux, conseil sur ce qu'il y avait à faire : « Un drapeau d'abord, signe de ralliement, dit la jeune fille, et décide tes amis à bien recevoir le neveu du malheureux roi Louis XVI; amènes-en le plus que tu pourras demain matin à cinq heures et demie ici, et vous irez ensemble attendre lelever du Prince à la porte de M. de Montfort. En attendant, apporte-moi une perche la plus longue et la plus droite que tu pourras trouver. Voilà justement un grand rideau blanc à frange qui revient de la lessive ; » et la bonne fille repassa soigneusement le rideau, le cousit à la perche, mit en haut de cette hampe, faute de fleurs de lys, le bouquet de noces de leur mère. Le lendemain matin, le jeune horloger (qui, suivant moi, sut, à six heures, régler ce jour-là l'horloge détraquée de la France) amena quinze de ses camarades avec lui devant la porte du Prince ; les seize conduisirent le Prince à l'Hôtel de Ville où le drapeau fut arboré et la monarchie proclamée avec enthousiasme par toute la population agglomérée bientôt. De là, ce ne fut qu'une marche triomphale jusqu'à Bordeaux, où cette escorte, venant de Bazas, causa la célèbre et unanime démonstration du 12 mars. Ainsi le premier drapeau blanc arboré en France, depuis 1789, fut celui de mademoiselle Berthet, et son frère fut l'homme d'initiative qui entraîna un suffrage universel.

Nous avons recueilli ces détails de la bouche même de mademoiselle Berthet, qui vit encore, à La Réole (Gironde), avec son frère, plus qu'octogénaires tous les deux.

Aux Cent jours, les bonapartistes avaient, pour se venger, préparé, devant l'Hôtel de Ville, une potence, afin d'y pendre le courageux Berthet ; sa sœur nous a dit qu'il leur avait échappé comme par miracle de toit en toit. Honneur à l'héroïne et au héros de Bazas !

Que Dieu nous en suscite de semblables !

Après la réception solennelle de monseigneur le duc d'Angoulême et la proclamation de la monarchie légitime, une députation des habitants de Bordeaux, ayant à leur tête M. de Tauzia, premier adjoint, se rendit à Hartwell, en Angleterre, remettre au roi Louis XVIII une lettre du comte de Lynch, maire de Bordeaux, exprimant au Roi les sentiments de cette ville et l'impatience qu'elle avait de le voir.

La capitulation de Paris, assiégé par les souverains alliés, arriva le 30 mars 1814. Immédiatement après, le corps municipal fit une manifestation éclatante en faveur des Bourbons exilés et réclama le rétablissement de la royauté. Bordeaux avait, comme écrivait le Roi en réponse à son maire, donné l'exemple que Paris suivit. Bordeaux méritait de donner son nom plus tard à l'enfant héritier du trône. Mais la petite ville de Bazas fut autorisée, par lettres-patentes, à ajouter en chef de ses anciennes armes trois fleurs de lys en champ d'azur, avec cette date pour exergue : *11 mars 1814.*

A   EXTRAIT DE LETTRE DE M. LE GÉNÉRAL BARON CLOUËT.

Goritz, le 8 novembre 1841.

Monsieur,

... Je pense que vous êtes maintenant pleinement rassuré sur le cruel événement dont notre Prince a failli être victime; car, si le cheval était tombé deux pouces plus haut, il écrasait le bassin, et toutes nos espérances étaient évanouies. Dieu ne l'a pas voulu. Il nous a soumis à cette épreuve pour mieux faire connaître les nobles et admirables qualités de notre Prince. Il a subi, pendant huit semaines, une torture inouïe avec une sérénité, un courage et je dirais même une gaieté dont il faut avoir été témoin pour s'en faire une idée. Le voilà maintenant à Vienne, où il restera jusqu'à très-parfaite guérison. Il ne faut que du repos; le membre fracturé n'a éprouvé aucun raccourcissement, mais vous concevez qu'il faut du temps pour recouvrer la force et la souplesse. Des gens charitables ont publié d'étranges choses sur cet accident et ses suites : on a été jusqu'à dire que le Prince n'en reviendrait pas. C'était sans doute la crainte de le perdre qui a fait dire toutes ces choses: je veux le croire.

Veuillez bien dire à nos amis que cet événement ne peut avoir que d'heureuses suites. Le Prince a fait voir, dans cette circonstance, comment il sait jouer avec la douleur, et qu'il est prêt à supporter bien d'autres souffrances pour le bien de son peuple.

Votre affectionné et dévoué serviteur,

le général CLOUET (1).

B   EXTRAIT D'UNE LETTRE DE M. LE GÉNÉRAL BRÈCHE.

Londres, 13 janvier 1844, 10 h. du soir.

Mon cher Monsieur,

... Ce soir, à neuf heures, le Prince s'est embarqué pour le continent qu'il touchera, j'espère, demain sur les cinq heures de l'après-midi.

Le Prince se souvient parfaitement de vous, et lorsque je lui ai parlé de votre dévouement, de celui de votre famille, il m'a répondu qu'il le connaissait depuis bien des années.

J'ai passé de bien doux, de bien agréables moments auprès du Prince depuis six semaines, et actuellement le temps va me paraître bien long, mais je remporte avec moi, et c'est une grande consolation, la conviction qu'il est impossible de trouver un prince plus accompli que notre Henri, dont le cœur est aussi français qu'il est possible de l'être. La Providence fera le reste, je n'en doute pas.

Tout à vous :

G. BRÈCHE (2).

(1) Feu M. le général Baron Clouet, un fidèle breton, était chef d'État-major général de l'armée à la conquête d'Alger.

(2) Le brave et savant général Brèche, bien qu'habitant la Bretagne après 1830, était de Lorraine. Dieu, en le rappelant, lui a épargné la douleur de voir son pays aux mains de l'étranger.

TESTAMENT DE LOUIS XVI.

Au nom de la Très-Sainte-Trinité, du Père, du Fils et du Saint-Esprit. Aujourd'hui, vingt-cinquième jour de décembre mil sept cent quatre-vingt-douze, moi Louis, seizième du nom, roi de France, étant depuis plus de quatre mois enfermé avec ma famille dans la Tour du Temple, à Paris, par ceux qui étaient mes sujets, et privé de toute communication quelconque, même, depuis le onze du courant, avec ma famille ; de plus, impliqué dans un procès dont il est impossible de prévoir l'issue, à cause des passions des hommes, et dont on ne trouve aucun prétexte ni moyens dans aucune loi existante ; n'ayant que Dieu pour témoin de mes pensées et auquel je puisse m'adresser, je déclare ici, en sa présence, mes dernières volontés et mes sentiments.

Je laisse mon âme à Dieu, mon créateur ; je le prie de la recevoir dans sa miséricorde, de ne pas la juger d'après ses mérites, mais par ceux de Notre-Seigneur Jésus-Christ, qui s'est offert en sacrifice à Dieu, son père, pour nous autres hommes, quelque indignes que nous en fussions, et moi le premier.

Je meurs dans l'union de notre Sainte-Mère, l'Église catholique, apostolique et romaine, qui tient ses pouvoirs par succession non-interrompue de Saint-Pierre, auquel Jésus-Christ les avait confiés.

Je crois fermement et je confesse tout ce qui est contenu dans le Symbole et les Commandements de Dieu et de l'Église, les Sacrements et les Mystères, tels que l'Église catholique les enseigne et les a toujours enseignés. Je n'ai jamais prétendu me rendre juge dans les différentes manières d'expliquer les dogmes qui déchirent l'Église de Jésus-Christ, mais je m'en suis rapporté et je m'en rapporterai toujours, si Dieu me donne vie, aux décisions que les supérieurs ecclésiastiques unis à la sainte Église catholique donnent et donneront, conformément à la discipline ecclésiastique, suivie depuis Jésus-Christ.

Je plains de tout mon cœur nos frères qui peuvent être dans l'erreur ; mais je ne prétends pas les juger, et je ne les aime pas moins en Jésus-Christ, suivant ce que la charité chrétienne nous enseigne. Je prie Dieu de me pardonner mes péchés ; j'ai cherché à les connaître scrupuleusement, à les détester et à m'humilier en sa présence. Ne pouvant me servir du ministère d'un prêtre catholique, je prie Dieu de recevoir la confession que je lui en ai faite, et surtout le repentir profond que j'ai d'avoir mis mon nom (quoique ce fût contre ma volonté) à des actes qui peuvent être contraires à la discipline et à la croyance de l'Église catholique, à laquelle j'ai toujours été sincèrement uni de cœur. Je prie Dieu de recevoir la ferme résolution où je suis, s'il m'accorde vie, de me servir, aussitôt que je le pourrai, du ministère d'un prêtre catholique, pour m'accuser de tous mes péchés et recevoir le sacrement de pénitence.

Je prie tous ceux que je pourrais avoir offensés, par inadvertance (car je ne me rappelle pas avoir fait sciemment aucune offense à personne), ou ceux à qui j'aurais pu avoir donné de mauvais exemples ou des scandales, de me pardonner le mal qu'ils croient que je puis leur avoir fait : je prie tous ceux qui ont de la charité d'unir leurs prières aux miennes, pour obtenir de Dieu le pardon de mes péchés.

Je pardonne de tout mon cœur à ceux qui se sont faits mes ennemis, sans que je leur en aie donné aucun sujet et je prie Dieu de leur pardonner, de même qu'à ceux qui, par un faux zèle ou par un zèle mal entendu, m'ont fait beaucoup de mal.

Je recommande à Dieu ma femme et mes enfants, ma sœur, mes tantes, mes frères, et tous ceux qui me sont attachés par le lien du sang et par quelque autre manière que ce puisse être ; je prie Dieu particulièrement de jeter des yeux de miséricorde sur ma femme, mes enfants et ma sœur, qui souffrent depuis longtemps avec moi, de les soutenir par la grâce, s'ils viennent à me perdre, et tant qu'ils resteront dans ce monde périssable.

Je recommande mes enfants à ma femme ; je n'ai jamais douté de sa tendresse maternelle pour eux ; je lui recommande surtout d'en faire de bons chrétiens et d'honnêtes hommes, de ne leur faire regarder les grandeurs de ce monde-ci (s'ils sont condamnés à les éprouver) que comme des biens dangereux et périssables, et de tourner leurs regards vers la seule gloire solide et durable de l'Éternité ; je prie ma sœur de vouloir continuer sa tendresse à mes enfants et de leur tenir lieu de mère s'ils avaient le malheur de perdre la leur.

Je prie ma femme de me pardonner tous les maux qu'elle souffre pour moi et les chagrins que je pourrais lui avoir donnés dans le cours de notre union ; comme elle peut être sûre que je ne garde rien contre elle, si elle croyait avoir quelque chose à se reprocher.

Je recommande bien vivement à mes enfants, après ce qu'ils doivent à Dieu, qui doit marcher avant tout, de rester toujours unis entre eux ; soumis et obéissants à leur mère et reconnaissants de tous les soins et peines qu'elle se donne pour eux, et en mémoire de moi. Je les prie de regarder ma sœur comme une seconde mère.

Je recommande à mon fils, s'il avait le malheur de devenir roi, de songer qu'il se doit tout entier au bonheur de ses concitoyens ; qu'il doit oublier toute haine et tout ressentiment et nommément ce qui a rapport aux malheurs et chagrins que j'éprouve ; qu'il ne peut faire le bonheur des peuples qu'en régnant suivant les lois, mais en même temps, *qu'un roi ne peut les faire respecter et faire le bien qui est dans son cœur qu'autant qu'il a l'autorité nécessaire*, et qu'autrement, étant lié dans ses opérations et n'inspirant point de respect, il est plus nuisible qu'utile.

Je recommande à mon fils d'avoir soin de toutes les personnes qui m'étaient attachées, autant que les circonstances où il se trouvera lui en donneront les facultés, de songer que c'est une dette sacrée que j'ai contractée envers les enfants ou les parents de ceux qui ont péri pour moi, et ensuite de ceux qui sont malheureux pour moi.

Je sais qu'il y a plusieurs personnes de celles qui m'étaient attachées qui ne se sont pas conduites envers moi comme elles le devaient, et qui ont même montré de l'ingratitude ; mais je leur pardonne (souvent dans les moments de trouble et d'effervescence, on n'est pas le maître de soi), et je prie mon fils, s'il en trouve l'occasion, de ne songer qu'à leur malheur.

Je voudrais pouvoir témoigner ici ma reconnaissance à ceux qui ont eu pour moi un attachement véritable et désintéressé : d'un côté, si j'ai été sensiblement touché de l'ingratitude et de la déloyauté des gens à qui je n'avais jamais témoigné que des bontés, à eux ou à leurs parents et amis, de l'autre j'ai eu de la consolation à voir l'attachement et l'intérêt gratuit que beaucoup de personnes m'ont montrés. Je les prie d'en recevoir tous mes remercîments. Dans la situation où sont encore les choses, je craindrais de les compromettre, si je parlais plus explicitement, mais je recommande spécialement à mon fils de chercher les occasions de pouvoir les reconnaître.

Je croirais calomnier cependant les sentiments de la nation, si je ne recommandais ouvertement à mon fils MM. de Chamilly et Hue, que leur véritable attachement pour moi avait portés à s'enfermer avec moi dans ce triste séjour, et qui ont pensé en être les malheureuses victimes. Je lui recommande aussi Cléry, des soins duquel j'ai eu tout lieu de me louer depuis qu'il est avec moi ; comme c'est lui qui est resté avec moi jusqu'à la fin, je prie Messieurs de la Commune de lui remettre mes hardes, mes livres, ma montre, ma bourse et les autres petits effets qui ont été déposés au conseil de la Commune.

Je pardonne encore très-volontiers à ceux qui me gardaient les mauvais traitements et les gênes dont ils ont cru devoir user envers moi ; j'ai trouvé quelques âmes sensibles et compatissantes ; que celles-là jouissent de la tranquillité que doit leur donner leur façon de penser.

Je prie MM. de Malesherbes, Tronchet et de Sèze, de recevoir ici tous mes remercîments et l'expression de ma sensibilité pour tous les soins qu'ils se sont donnés pour moi.

Je finis en déclarant devant Dieu, et prêt à paraître devant Lui, que je ne me reproche aucun des crimes qui sont avancés contre moi.

Fait double à la Tour du Temple, le vingt-cinq décembre mil sept cent quatre-vingt-douze.

Signé : LOUIS.

Martial.
Jadin.
Qua-rante ans de ton sein, ô Fran- ce, l'aîné de tes fils vit ban- ni ; Sans tenter d'autre expéri-
en-ce, rou-vre ton cœur de mè-re au noble et bon Hen-
Chœur martial.
ri. Ab-ju-rons toutes nos que- rel- les, ab-ju-
rons toutes nos que-relles, de l'honneur é-cou- tons la
voix ; à la France à Henri fi- dè- les, jurons, jurons d'en dé- fen- dre les droits ! Ju-rons, jurons d'en dé- fendre les droits !

2me Couplet.

Lui seul finira nos misères,
Lui seul pourra dicter la paix.
Rallions-nous sous ses bannières,
Le lys gagna Strasbourg et sut défendre Metz (1).

Abjurons, etc.

BIBLIOTHÈQUE NATIONALE R.F. IMPRIMÉS

(1) Il y a six ans et demi, en 1871, fut composé le chant sur la guerre dont ces vers font notre épilogue. — A. de C. de L. G.

SOMMAIRE

www.ingramcontent.com/pod-product-compliance
Lightning Source LLC
Chambersburg PA
CBHW051348060726

47596CB00004B/1816